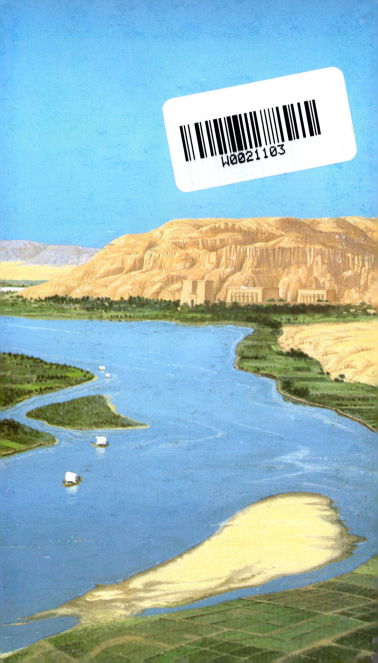

© 1998 Ravensburger Buchverlag Otto Maier GmbH für die deutsche Ausgabe
Titel der Originalausgabe: „Sur les bords du Nil, au temps des pharaons"
© 1986 Editions Gallimard

Fachliche Beratung:
Dr. Renate Müller-Wollermann
Ägyptologin, Tübingen

Übersetzung und Redaktion der deutschen Ausgabe:
Jürgen Witznick

02 01 00 99   5 4 3 2 1
Alle Rechte dieser Ausgabe vorbehalten durch
Ravensburger Buchverlag Otto Maier GmbH. Printed in Italy.

ISBN 3-473-35744-8

Ägypten zur Zeit der Pharaonen

Text von Corinne Courtalon
Illustriert von Christian Broutin

DIE WELT ENTDECKEN

Unter Sand begraben.

Vor mehr als 3000 Jahren lebte in Ägypten ein friedliches Volk, das – für die damalige Zeit – über einen reichen Wissensschatz verfügte. Bauwerke von gewaltigen Ausmaßen und prächtigem Äußeren wurden dort in jener Zeit errichtet. Im Lauf der Jahrhunderte jedoch hat der vom Wind herbeigetragene Sand Paläste, Tempel und Wohnhäuser unter sich begraben.

Wer der Lebensweise der alten Ägypter nachspüren will, braucht viel Geduld. Altertumsforscher, Archäologen genannt, tragen den Sand sorgsam ab und entdecken mancherlei Zeugnisse jener vergangenen Zeiten: Statuen, Möbelstücke, Geschirr – hin und wieder sogar einen richtigen Schatz!

Die Funde der Archäologen werden in Museen in aller Welt ausgestellt. Diese altägyptische Figur eines Schreibers kann man im Louvre, einem berühmten Museum in Paris, bewundern.

In Ägypten ist es sehr heiß.

Dieses Land liegt in der Wüstenregion Nordafrikas, wo es fast niemals regnet. Von den Uferregionen des Nils abgesehen, kann hier kaum eine Pflanze gedeihen, und die Lebensbedingungen für Mensch und Tier sind sehr hart.

Tiere, die in der Wüstenregion leben: Käfer, Skorpion, Geier, Gazelle, Löwe, Viper. Der Stich eines Skorpions kann für ein Kind tödlich sein.

Der Nil fließt durch den Nordosten Afrikas.

Ein mächtiger Strom, der Nil, fließt durch dieses Land.

Der Nil ist der längste Fluß der Erde; vom Ursprung bis zur Mündung mißt er 6650 Kilometer. Durch die Wasser des Nil sind die Ländereien an seinen Ufern sehr fruchtbar, deshalb haben sich die Ägypter fast ausschließlich hier angesiedelt. Einstmals überflutete der Nil alljährlich im Sommer die Uferregionen und bewässerte und düngte so das ausgetrocknete Land. Heute aber wird der Wasserpegel durch Staudämme reguliert.

Im Sommer überflutete der Nil das Tal. Dabei düngte er den Boden mit dunklem, sehr fruchtbarem Schlamm.

Zum Winter hin kehrten die Nilwasser wieder in das Flußbett zurück. Die Pflanzen konnten auf dem Schlamm sehr gut gedeihen.

Im alten Ägypten: Der Nil ist Lebensader für alle Menschen. Große, durch Ruder und Segel angetriebene Schiffe durchpflügen das Wasser und befördern Waren flußauf und flußab. Auch kleinere Segelboote dienen dem Transport von Frachten; auf ihnen kann man den breiten Strom in kurzer Zeit überqueren. Fischer und Jäger verwenden sehr leichte Barken, die sie aus Papyruspflanzen fertigen, die am Ufer wachsen.

Jäger erlegen Wildenten und Wildgänse, die sie zuvor mit ihren Barken aufgescheucht haben, mit Wurfhölzern.

Die Fischer finden reiche Fanggründe vor: Im Nil wimmelt es von Aalen, Karpfen, Welsen und Schleien. Aus den Eiern der Meeräsche stellen die Ägypter eine leckere Speise her: eine Art Kaviar. Auf dem Wasser muß man auf Krokodile und Flußpferde achtgeben, die schon einmal ein Boot zum Kentern bringen können. Und am Ufer muß man sich vor der Kobra hüten – der Biß dieser Schlange ist tödlich!

Pharaonenkronen:

aus Oberägypten (Süden)

aus Unterägypten (Norden)

von Gesamtägypten

Der Pharao ist ein sehr mächtiger König.

Die Ägypter glauben, daß er der Sohn der Sonne ist und übernatürliche Kräfte hat. Bei den Tempeln wird er durch übergroße Steinstatuen dargestellt.

Meist trägt der Pharao eine Haube über seiner Perücke: das Nemes-Kopftuch; am Kinn ist ein künstlicher Bart befestigt, und die Stirn ziert die goldene Uräusschlange, die den König beschützen soll.

Der Pharao mit der Blauen Krone

Die Königin

Der Prinz hält eine Lotusblume in der Hand

Im Palast gibt es viele Diener.

Der Pharao erhält oft Geschenke von befreundeten Völkern.

Er läßt Tempel und Paläste bauen.

Der Herrscher geht gern auf Löwenjagd.

Den Ägyptern geht es gut in ihrer Heimat am Nil. Sie leben in einem fruchtbaren, reichen Land. Deshalb steht ihnen nicht der Sinn danach, in die Ferne zu reisen oder gar andere Länder zu erobern. Allerdings müssen sie sich kriegerischer Völker erwehren, die durch die Wüste oder übers Mittelmeer zum Nil vordringen und die Ägypter unterwerfen wollen. Der Pharao aber kann die Eindringlinge leicht zurückdrängen, denn sein Heer ist bestens gerüstet und auch gut organisiert. Die Kriegsgefangenen werden in die Wüste gebracht, wo sie in Bergwerken nach Gold schürfen oder in Steinbrüchen Baumaterial für Tempel und Paläste beschaffen müssen. Erst den Persern wird es gelingen, Ägypten zu unterwerfen.

Gefangene

Die Schriftzeichen der Ägypter nennt man Hieroglyphen.

Die Schreiber verwalten das Reich des Pharaos.

Überall im Lande sind sie tätig und überwachen beispielsweise die Ernte und den Bau von Tempeln. Sie kontrollieren auch den Transport des in den Bergwerken geförderten Kupfers. Wer Schreiber werden will, muß zunächst lesen, schreiben und rechnen lernen. Dazu braucht man viel Ausdauer, aber auch Mut, denn die Lehrer sind sehr streng und strafen schlechte Schüler mit Stockhieben. Die Ägypter verwenden dünne Schreibrollen, die sie aus Papyrus fertigen.

Der Papyrus ist eine Pflanze, die am Nil wächst. Sein Stiel wird geschält und in Streifen geschnitten; diese werden über Kreuz gelegt, mit einem Hammer glatt geklopft und gepreßt.

Nach Ende des Nilhochwassers werden die Felder eingesät; danach stampfen Rinder die Körner fest in den Boden.

In Ägypten regnet es nur sehr selten – trotzdem fahren die Bauern immer eine gute Ernte ein. **Der Boden wird bewässert, damit die Pflanzen gut wachsen.** Für diese Arbeit verwenden die Bauern den Schaduf: An einem langen Hebelarm ist ein Behälter befestigt, mit dem Wasser aus dem Nil geschöpft und in die Bewässerungskanäle geschüttet wird.

Hacke

Zimmermannswerkzeug

Messer   Stichel

Die Ägypter schminken sich gern. Die schwarze Augenschminke, die sie auf den Lidrand auftragen, schützt die Augen vor dem grellen Sonnenlicht.

Wenn es Abend wird, halten sich die Ägypter gern auf den Dachterrassen ihrer Häuser auf.

Wie kleiden sich die Ägypter?

Die Männer tragen einen Schurz, die Frauen hüllen sich in ein langes Leinenkleid, die Kinder laufen meist ganz nackt herum. Um sich zu schmücken, tragen wohlhabende Ägypter schwere Perücken – die Frauen längere als die Männer.

Die Wohnhäuser werden bunt bemalt.

Sie sind meist nur einstöckig, haben ein flaches Dach und werden aus Lehmziegeln gebaut. Im Garten werden Teiche angelegt, um die herum Papyruspflanzen und Maulbeerfeigenbäume wachsen. In Silos wird das Korn aufbewahrt.

Spiegel

Behälter für Schminke

Armreif

Die Ägypter verehren Katzen; sie richten sie sogar für die Jagd ab. Oftmals wird eine Katze nach ihrem Tod mumifiziert – sie wird durch Einbalsamieren vor Verwesung geschützt.

Sandalen

Viele Küchengeräte und Einrichtungsgegenstände der alten Ägypter kennen wir so ähnlich auch bei uns.

Die Ägypter sind große Freunde einer guten Mahlzeit.

Man speist an niedrigen Tischen, dazu läßt man sich auf dem Boden oder auf Hockern nieder. Zu essen gibt es meist Fisch, Zwiebeln und Brot – aber auch geröstete Gans, gekochtes Rindfleisch, Salat, Linsen und Gurken kommen häufig auf den Tisch. Gegessen wird ohne Teller; jeder bedient sich mit den Fingern direkt aus den Schüsseln. Zum Essen trinkt man meist Bier aus Kelchen.

Die Ägypter stellen aus Holz allerlei Gebrauchsgegenstände her: Sitzmöbel, Tische, mit Tierfüßen verzierte Betten und sonderbare Kopfstützen, auf denen beim Liegen der Nacken ruht, damit die oft kunstvolle Frisur geschont wird. Aus Gold und Edelsteinen fertigen sie wunderschönen Schmuck an.

Schaumlöffel

Sieb

Kehrbesen

Sessel

Kopfstütze

Bett

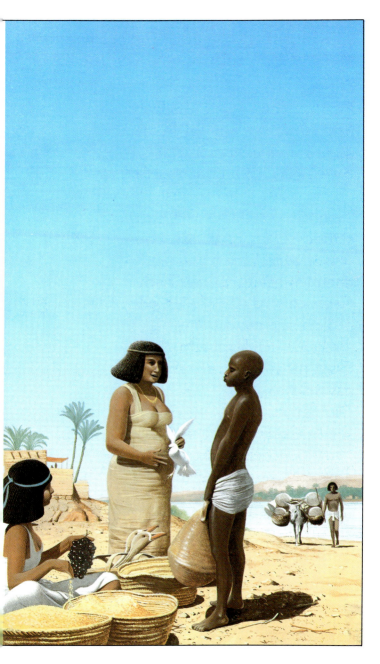

Die Ägypter lieben das Familienleben.
Ganz besonders schätzen sie Gesellschaftsspiele, wie zum Beispiel Spiele mit Würfeln und Knöchelchen, das Damespiel und das sonderbare Schlangenspiel „Mehen".

Zu Festen laden sie ihre Freunde ein.
Ein kleines Orchester spielt auf, und Tänzerinnen unterhalten die Gäste mit ihren anmutigen Darbietungen. Die Musikanten spielen auf Harfe, Laute und Flöte.
Um den Takt anzugeben, schütteln die Sängerinnen Rasseln, die man Sistren nennt.

Spielzeug kleinerer Kinder: Löwe mit beweglichem Maul, Pferd auf Rädern, Puppe

Die Kinder, Mädchen genauso wie Jungen, treiben gerne Sport.

Sie wetteifern und vergnügen sich bei Geschicklichkeitsspielen, wie dem Bogenschießen auf Zielscheiben, bei Gleichgewichtsspielen, beim Ringkampf und bei einem Spiel, das unserem Bockspringen sehr ähnlich ist. Die Kleineren vertreiben sich die Zeit mit allerlei hübschem Spielzeug aus Holz und Stoff: Kreiseln, Bällen, Puppen und Tieren auf Rädern.

Ballspiel

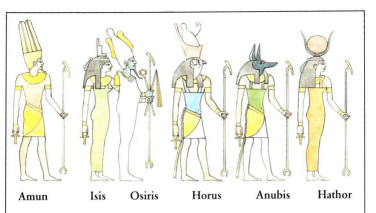

Amun　　Isis　　Osiris　　Horus　　Anubis　　Hathor

Götter wachen über das Leben der Ägypter.

Sie wohnen in riesigen Gebäuden, den
Tempeln. Niemand darf diese betreten –
nur die Priester. Die Götter tragen ganz
bestimmte Kopfbedeckungen, manche haben
einen Tierkopf. Im geheimsten Raum des
Tempels hat ein jeder Gott seine Statue.
Manchmal bringen die Priester diese Statue
ins Freie und ziehen an ihr in einem
langen Zug vorüber – dies ist dann für die
Ägypter Anlaß zu einem großen Fest.

Vor dem Eingang des Tempels sind zwei hohe Obelisken aufgestellt.

Wer kennt das Geheimnis der Pyramiden?

Diese ungeheuer großen Bauwerke befinden sich in der Wüste – geschützt vor den Überschwemmungen des Nils.

Die Pyramiden sind riesige Grabmale. In jeder sind mehrere Geheimgänge angelegt – aber nur einer führt zu der Kammer, in der sich der Sarg (Sarkophag) mit der Mumie des Pharaos befindet. Eine Mumie ist ein durch Einbalsamieren vor dem Verfall geschützter Leichnam.

Das Innere der Cheops-Pyramide:
1: Königskammer
2: Königinnenkammer
3: Unvollendete Kammer
4: Große Galerie
5: Lüftungsschacht

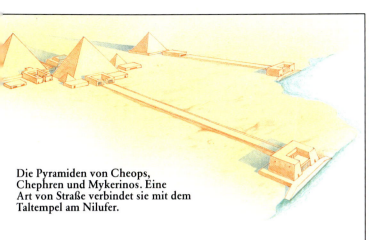

Die Pyramiden von Cheops,
Chephren und Mykerinos. Eine
Art von Straße verbindet sie mit dem
Taltempel am Nilufer.

Die Schatzkammern des Pharaos.

Um die Grabkammern herum befinden sich
Räume voller Möbel, Vasen und Schmuck.
Es ist praktisch unmöglich, in die Pyramide
einzudringen! Der Eingang liegt versteckt,
und der Gang zur Königskammer ist
versperrt, damit auf keinen Fall ein Dieb
bis dorthin gelangen kann.

Die höchste Pyramide
in Ägypten ist 146 Meter
hoch – es ist die Pyramide
des Königs Cheops.

Der Bau einer Pyramide kann bis zu dreißig Jahre dauern.
Aus den Steinbrüchen kommen die großen Felsblöcke. Sie werden dann auf Schiffe verladen, die sie über eine weite Wegstrecke nilabwärts befördern. Über Land befördern die Ägypter die Steinquader mit Hilfe von Schlitten.

Wie befördert man zwanzig Tonnen schwere Felsen ohne Hilfe eines Krans in die Höhe? Auch die Muskelkraft vieler Menschen reicht da nicht aus, um solch ein Gewicht anzuheben! Die Ägypter bauen riesige Rampen aus Ziegelsteinen rund um die Pyramidenbaustelle: Auf diese Weise gelingt es ihnen, die Steinblöcke bis zum höchsten Punkt zu ziehen.

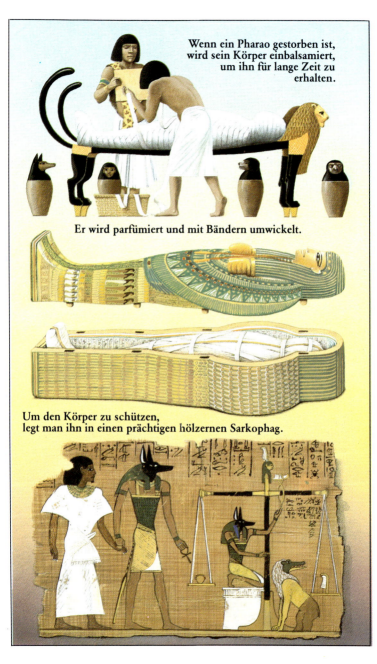

Wenn ein Pharao gestorben ist, wird sein Körper einbalsamiert, um ihn für lange Zeit zu erhalten.

Er wird parfümiert und mit Bändern umwickelt.

Um den Körper zu schützen, legt man ihn in einen prächtigen hölzernen Sarkophag.

Auch im Felsgestein der Wüstenberge werden Gräber angelegt.

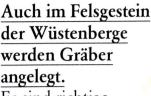

Es sind richtige Häuser, die da in den Fels getrieben werden: Jedes Grab besteht aus mehreren Räumen. Damit sich der Verstorbene wohl fühlt, werden die Wände mit Malereien verziert, die den Nil zeigen und Menschen und Tiere, die an seinen Ufern leben. Die Räume des Grabs füllt man mit schönen Möbeln, und rund um die Mumie werden Uscheptis aufgestellt.
Ein Uschepti ist eine kleine Statue, die einen Totendiener darstellt. Besonders Vorausschauende lassen sich mit 365 Uscheptis umgeben – für jeden Tag des Jahres einen!

◀ Der Tote lebt in einer anderen Welt weiter; dort wird er vom Gott Anubis beschützt.

Für die meisten Ägypter führt der Weg in die Wüste, wo die Toten bestattet werden, über den Nil.

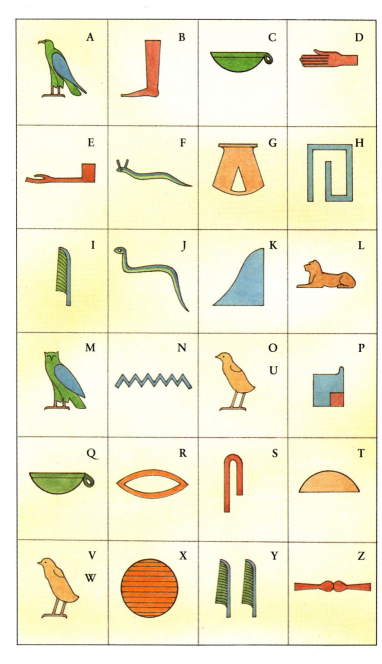

Eine merkwürdige Art zu schreiben!

Beim Schreiben fertigen die Ägypter kleine Zeichnungen an, die Gegenstände, Pflanzen oder Tiere darstellen. Diese Schriftzeichen werden Hieroglyphen genannt. Manche werden in Tempelmauern oder Statuen geritzt, andere werden mit Tinte auf Papyrus gemalt. Was sie bedeuten, blieb der Nachwelt lange Zeit verborgen. Erst im 19. Jahrhundert konnte man ihren Sinn entschlüsseln. Links ist abgebildet, welches Zeichen welchem Buchstaben unseres Alphabets entspricht.

Um seinen Namen auf altägyptische Weise zu schreiben, ersetzt man jeden Buchstaben durch das jeweilige Bildzeichen. Am Schluß des Namens folgt bei Frauen und Mädchen und bei Männern und Jungen ein entsprechendes Symbol.